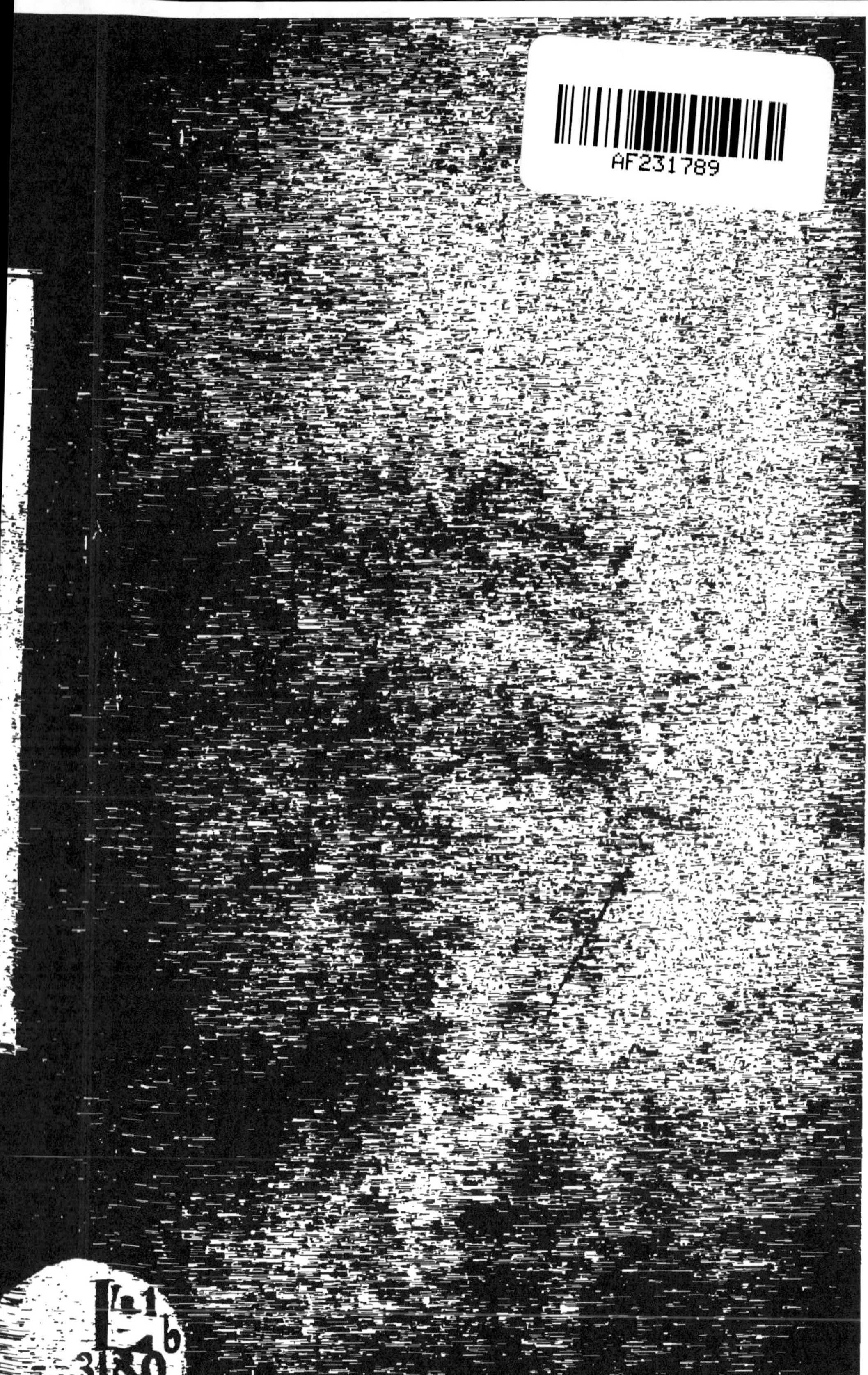
AF231789

LES ADMINISTRATEURS

DU DÉPARTEMENT

D'ILLE ET VILAINE,

Aux Citoyens du même Département.

CITOYENS,

Nous avons vu la liberté dans un danger imminent, & nous nous sommes élevés aussi-tôt contre ceux qui prétendoient nous asservir. Nous vous avons fait part des mesures qui nous sembloient propres à faire échouer les projets des nouveaux Despotes qui essayoient de s'établir sur les ruines de la Royauté, & vous avez donné de mille manières, votre approbation à ces mesures ; mais plus notre vigilance est devenue redoutable, pour ceux qui promettoient de nous surprendre & de vous opprimer, plus ils se tourmentent pour se débarasser de notre trop fidelle surveillance ; ils sentent que, tant que durera la confiance que vous nous avez témoignée, toutes leurs tentatives seront vaines ;

en conféquence, il n'eft aucun moyen qu'ils n'emploient pour l'altérer.

Tantôt ils répandent par leurs émiffaires que tout va bien ; tantôt ils font dire à d'autres que l'on ne peut fe diffimuler que l'ordre public a été troublé, mais que nos mefures ne tendent qu'à perpétuer ce trouble. L'appât du gain, l'appât des places, l'animofité, la haine, la calomnie, l'amitié même, il n'eft pas de paffions qu'ils ne flattent pour vous agiter & pour vous furprendre. Tout eft perdu, Citoyens, fi vous donnez dans leurs pièges.

Oh ! comme ils font criminels ou peu inftruits, ceux qui prétendent que tout va bien. Quoi ! tout va bien ; mais la Convention a-t-elle été libre le 2 Juin ? Non, certes, puifque la Commune de Paris a ofé lui dicter des Loix à la tête de cent mille hommes en armes.

Quoi ! tout va bien.

Mais la Convention eft-elle libre actuellement ?

Non, certes, puifque la Commune de Paris intercepte & fouftrait toutes les pétitions, toutes les réclamations qui ont pour objet de faire réprimer fes attentats.

Quoi ! tout va bien.

Mais fommes-nous libres nous-mêmes ?

Non, certes, puifque, par l'effet d'une
tyrannie, dont le defpotifme ancien n'offre
même pas l'exemple, la Commune de Paris
ofe fupprimer toutes les lettres, toutes les inf-
truétions qui tendroient à nous éclairer fur fes
forfaits & fûr le véritable état des chofes.

Non, la liberté n'exifte pas, quand la Repréfentation Nationale, à qui le Peuple en
a confié le dépôt, eft violée; quand une
Seétion du Peuple ofe mettre fon vœu à la
place de la volonté générale, & arracher des
Loix par la force; quand des Tribunes in-
folentes & ftipendiées, viennent mêler leurs
vociférations aux Délibérations des Légifla-
teurs, & les couvrir de leurs huées fédi-
tieufes.

La liberté n'exifte pas, quand une faétion
oouverte du fang verfé le 2 Septembre, en-
graiffée du pillage du Garde-Meuble, vient,
le poignard à la main, caffer la Commiflion
chargée de pourfuivre fes crimes, arracher à
la Repréfentation Nationale trente-deux de
fes Membres qu'elle défefpère de corrompre,
& annoncer qu'il faut un Chef à la Nation.

Et nous Français, nous fouffririons tant
d'audace! Nos réclamations ont été vaines;
des Députés chargés de porter des paroles
de paix, de préfenter les alarmes du Peuple

à ſes Repréſentans, ſont livrés au Tribunal révolutionnaire; à ce Tribunal dont l'établiſſement, détruiſant l'inſtitution ſainte des Jurés, ſoumet nos Départemens à la Juriſdiction de Paris; à un Tribunal qui condamnera la vertu, après avoir abſous le crime dans Marat.

Dans ce profond oubli des droits du Peuple, la réſiſtance à l'oppreſſion étoit le plus ſaint des devoirs. D'une extrêmité de la République à l'autre, un cri d'indignation s'eſt fait entendre; Marſeille, Lyon, Bordeaux, la Normandie & la Bretagne; plus de ſoixante Départemens ſe ſont levés; les Républicains du Nord, de l'Oueſt & du Midi, ſont en marche, & ſe diſputent l'honneur de porter les premiers coups à la faction contre-révolutionnaire, & de raffermir la ſtatue de la liberté, ébranlée par l'anarchie.

Peut-être, diſent les agitateurs, leurs agens & leurs dupes, les Députés dont on a provoqué l'arreſtation, étoient-ils coupables?

Mais la Convention, dans ſa liberté, venoit de déclarer calomnieuſe l'inculpation portée contre eux par la Commune de Paris. Comment donc ſe fait-il qu'on les condamne ſans les entendre, ſans entendre la Commiſſion des Douze, & qu'on écarte de jour en jour le rapport du Comité fur l'acte énonciatif de leur crime ? Ah! croyez que, fi l'on en avoit eu à leur reprocher, la faction eût faifi avec empreffement ce moyen de motiver fa conduite.

Il ne peut donc y avoir que des hommes, que des paffions ou leur intérêt aveuglent, qui ne veuillent pas voir que la Commune de Paris a évidemment commis un attentat le 2 Juin, & qu'il eft inftant de réprimer cet attentat; que, fi on pouvoit douter de fes vues ambitieufes & de la perverfité de fes intentions, lorfqu'elle s'eft portée à un pareil attentat, il ne faudroit que fuivre fa conduite fubféquente.

En effet, ne domine-t-elle pas le refte de la République, lorfqu'elle ne lui laiffe paffer que ce qu'il lui plaît ; lorfqu'elle ne reçoit d'elle que ce qui lui eft agréable , que ce qui flatte fes vues & alimente fon intérêt ; lorfqu'elle fe fait délivrer des fommes énormes pour que fes adminiftrés mangent à bas prix & aux frais publics, une denrée malheureufement trop chère par-tout ailleurs, & pour être dans le cas d'envoyer & entretenir dans tous les points de la République, un grand nombre d'émiffaires ?

Si les Officiers Municipaux de Paris n'avoient pas à craindre la vengeance publique; fi les

Membres de la Convention qu'ils ont trompés ou corrompus n'avoient pas intérêt à empêcher tout éclairciffement, les auroit-on vu s'oppofer de toutes manières, aux rifques même de perdre entièrement la chofe publique, à ce que la force armée fe rendît auprès de la Convention? Nos Freres de tous les points de la République, ne font-ils donc plus les Freres, les égaux des Habitans de Paris? N'ont-ils plus les mêmes droits, les mêmes avantages à partager, les mêmes charges à fupporter? Si c'eft un avantage de fe préfenter en armes près les Membres de la Convention, pourquoi nos Gardes Nationales n'en jouiroient-elles pas? Et fi c'eft une charge, pourquoi ne la partageroient-elles pas lorfqu'elles le defirent? Un droit exclufif, ou une charge exclufive, doivent être chofes inconnues parmi des hommes vraiment égaux & libres.

Inutilement donc des hommes falariés ou intéreffés à ce que le défordre fubfifte, voudront calomnier des mefures prifes dans des intentions pures, follicitées ou approuvées de la plupart d'entre vous ; ils ne parviendront à tromper que ceux que leurs paffions préoccupent, & dont l'erreur ne fera à-coupsûr que paffagère : mais il peut fe préfenter des mefures nouvelles à prendre ; & dans une fituation où il n'exifte pour nous aucune règle certaine. Nous avons un jufte fujet de craindre de nous écarter de votre vœu; il nous importe donc de le connoître à chaque inftant. Nous nous fommes engagés vers vous en acceptant la confiance honorable dont il vous à plû nous entourer, à faire les premiers tête à l'orage, à vous donner l'éveil fur vos dangers, & à porter le premier poids du fardeau de la chofe publique.

Nous croyons avoir rempli nos engagemens; mais dans le moment d'une crife violente, quelque foit notre courage, nous avons befoin de lumières; nous vous invitons donc avec inftance à nommer un Député, foit par Commune, foit en donnant des pouvoirs fuffifans, à celui nommé par une autre Commune, qui, avec un Membre de chaque Adminiftration de Diftrict, que nous invitons également à venir fe joindre à nous, vienne en votre nom concourir à tout ce qui peut être réglé pour le bien général, & convaincre par fa préfence les agitateurs; que le Peuple entier du Département eft vraiment attaché à l'ordre, fans lequel il n'exifte point de Liberté.

EXPOSITION des mesures que le Dé-partement d'Ille & Vilaine a prises, pour parvenir à rendre à la Représentation Nationale, sa liberté, son intégralité.

Aussi-tôt que nous avons été instruits de la violation de la Représentation Nationale dans les journées des 30, 31 Mai & jours suivans; transportés d'une juste indignation contre les auteurs de ces actes liberticides, nous nous sommes occupés des moyens de rendre à la Convention sa liberté, son intégralité, & de poursuivre la punition légale des factieux, qui avoient osé y porter atteinte.

En conséquence, & de concert avec les autres Autorités constituées de Rennes, que nous avons appellées à nos Séances pour nous aider de leurs lumières, nous avons d'abord arrêté le projet d'une Adresse à la Conven-tion, pour lui peindre toute l'horreur des évé-nemens des 30 Mai & jours suivans, ainsi que l'indignation qu'ils ont généralement excitée. Cette Adresse ayant été présentée aux Citoyens de Rennes, appellés par des bannies publiques à se réunir dans le ci-devant Palais, a été adoptée & couverte d'une infinité de signa-tures.

Les

Les Sections de Rennes ont fait une autre Adresse à la Convention, contenant l'exposition énergique de leurs griefs, & des mesures qu'elles croyoient nécessaires. Des exemplaires de ces Adresses ont été envoyés par le Département aux Districts & Communes d'Ille & Vilaine.

Le Conseil général du Département, expressément chargé, par la Loi du 24 Mai, de veiller de tout son pouvoir à la conservation de la fortune publique, & à la sûreté, tant de la Représentation Nationale que de la Ville de Paris, se porta, dans la Séance du 6 Juin, à prendre un Arrêté, pour l'appel d'une force Départementale volontaire, destinée à se réunir aux forces Départementales qui sortiroient pareillement des autres territoires, à l'effet de se rendre à Paris, pour y fraterniser avec les vrais Républicains de cette Ville, protéger la liberté des Délibérations de l'Assemblée Conventionnelle, & en imposer aux factieux.

Pour parvenir à la plus prompte exécution de cet Arrêté, nous avons envoyé des Commissaires dans les différens Districts, chargés de se concerter avec les Administrateurs, pour la réunion des Volontaires que leur civisme, leur âge, leur habitude au maniement des

armes, & l'état de leurs affaires, détermine-
roient à marcher vers Paris.

Les mêmes Commiffaires étoient chargés
d'arrêter provifoirement les fonds dans les
Caiffes du Payeur général & des Receveurs
de Diftricts du Département, ainfi que les
chargemens en numéraire ou affignats, qui
pourroient exifter dans les Bureaux des Poftes
& Meffageries, pour être verfés à des Caiffes
publiques de Paris.

Les juftes motifs de la formation d'une force
Départementale, furent vivement fentis, & le
Département ne tarda pas d'avoir l'affurance
de fa prompte organifation. Mais pénétré de
la pureté de fes principes & de fes vues, il
crut devoir employer d'abord les moyens
ordinaires de réclamations : il nomma à cet
effet deux Commiffaires pour fe rendre à Paris,
& fe réunir à ceux tant du Finiftère que des
autres Départemens, pour faire valoir les
réclamations communes contre les attentats
des 30 Mai & jours fuivans.

Ces Commiffaires rendus à Paris, recon-
nurent bientôt l'impoffibilité d'y remplir leur
miffion, & la néceffité de quitter au plutôt
cette Ville, pour fe fouftraire aux pourfuites
dont ils étoient menacés.

De retour à Rennes, ils ont donné, con-

curremment avec les Commiffaires du Finiftère, un rapport de ce qu'ils ont vu ou
appris; ce rapport a été imprimé, & envoyé
aux Diftricts & Communes d'Ille & Vilaine.

Le Département avoit déjà reçu, de prefque
tous les Départemens circonvoifins, des Arrêtés, qui annonçoient leur jufte indignation;
& préfentoient des mefures, tendantes à réta-
blir la Repréfentation Nationale dans l'état de
liberté & d'intégralité dont elle n'auroit jamais
dû fortir.

Le 9 Juin, le Département, de concert avec
les autres Autorités conftituées à Rennes,
réunies en Affemblée générale, arrêta une férie
d'articles, pour être propofée à la délibéra-
tion ou adhéfion des différentes Communes.

Suit la férie de ces articles:

ARTICLE PREMIER.

La levée d'une force deftinée à fe joindre
à celle des autres Départemens, & à marcher
enfemble vers Paris, pour rendre à la Convention fa liberté, fon intégrité, & réduire au
néant l'anarchie & les factions.

11.

La revifion des Décrets portés depuis le
30 Mai dernier, lorfque la Convention fera
rétablie dans fon état d'intégralité & de liberté;
& que cette revifion s'étende à tous les

Décrets rendus depuis l'époque à laquelle elle a cessé d'être libre, époque qui sera déterminée par la déclaration qu'en fera la Convention, rendue au libre exercice de ses pouvoirs.

I I I.

La mise en liberté des Députés arrêtés, en vertu d'un Décret arraché par la violence.

I V.

La nomination de deux Députés pour le Département, lesquels, en cas de dissolution de la Convention Nationale, se réuniroient, avec les Députés des aurtes Départemens, dans un lieu convenu, & représenteroient provisoirement le Peuple Français, jusqu'à l'élection & la réunion des Membres d'une nouvelle Convention, sauf à être statué sur le mode de cette nomination.

V.

Le rappel de tous les Commissaires de la Convention, la reddition des comptes de leurs opérations, & des fonds mis à leur disposition.

V I.

L'arrestation des Commissaires du Pouvoir exécutif & de la Commune de Paris.

V I I.

La mise en discussion, avant le premier Juillet prochain, d'un plan de Constitution Républicaine, déclarant que si leur vœu à cet égard n'eſt pas rempli, il ſera nommé à cette époque des Succeſſeurs aux Membres actuels de la Convention.

V I I I.

Dénonciation à la République des Membres actuels de la Commune & du Département de Paris, comme coupables de complots liberticides.

I X.

Suſpenſion de toute correſpondance avec ces deux Adminiſtrations.

X.

Le rétabliſſement du Comité des Douze, compoſé des mêmes Membres, leſquels ont, ſans doute, acquis des renſeignemens très-étendus, ſur les complots des factieux; & que le rapport des opérations de ce Comité, ſoit fait le plutôt poſſible.

X I.

La ſuppreſſion du Comité de ſalut public.

X I I.

Que la Convention ſe renferme dans l'exercice du Pouvoir légiſlatif, & qu'elle laiſſe au Pouvoir exécutif toute ſon action légale.

Mais une Aſſemblée centrale de Députés des Adminiſtrations & Communes de différens Départemens, s'étant établie à Rennes, pour concerter les grandes meſures de ſalut public, & former un centre d'union & de correspondance entre les Départemens,

Le Conseil général de l'Administration d'Ille & Vilaine, adoptant à cet égard les dispositions d'un Arrêté du Département du Morbihan, nomma deux Députés, pour se réunir au Comité central; invita les Conseils généraux de Districts, à envoyer chacun un Député au même Comité; & invita en outre les Communes à s'expédier sur cet objet, soit par adhésion, soit par l'envoi de Députés.

Ce Comité, aujourd'hui transféré à Caen & organisé sous le titre d'Assemblée centrale de résistance à l'oppression, s'est effectivement occupé des mesures communes de salut public : ses Arrêtés & Bulletins ont été imprimés & transmis aux Départemens respectifs. Celui d'Ille & Vilaine a fait réimprimer les actes qui lui ont paru les plus intéressans, & les a adressés aux Districts & Communes de son territoire. Il a pareillement fait réimprimer & répandre les autres écrits, qui lui ont paru propres à éclairer l'opinion publique.

Nota. *Le Département a reçu l'adhésion des Districts, & d'une très-grande partie des Communes. Il ne lui est parvenu aucun vœu contraire.*

EXTRAIT

DU REGISTRE DES SÉANCES PUBLIQUES

DU CONSEIL GÉNÉRAL

DU DÉPARTEMENT D'ILLE ET VILAINE.

Du 17 Juillet 1793, l'an deux de la République Française.

Un Membre expose que les mesures que le Département a prises, de concert avec les Autorités constituées de Rennes, dans l'intention de sauver la chose publique, ont été proposées, discutées & délibérées, sous les yeux des Citoyens de cette Ville, qui ont paru y applaudir, presque généralement ; que les Districts & une très-grande partie des Communes, ont manifesté leur adhésion ; que, fors du témoignage de leur conscience, les Membres des Autorités constituées font, sans doute, disposés à suivre l'effet des mesures que leur a commandé le salut de la République, une & indivisible : mais que jaloux d'assurer leur marche, ils jugeront convenable de profiter de la réunion des Assemblées primaires, pour leur présenter l'expofition des faits, & celle des mesures qui ont été prises.

Il eft donné lecture d'une Lettre du Miniftre de l'intérieur, inférée dans les Annales de Mercier, par laquelle il déclare à la Convention, les noms des Départemens qui lui ont paru en infurrection, ainfi que d'un Décret qui ordonne que les anciennes Affemblées électorales fe réuniront fans délai, pour procéder au remplacement des Membres des Confeils & Directoires de Départemens & Diftricts, qui ont pris des Arrêtés contre-révolutionnaires.

Le même Membre obferve, que l'état préfenté à la Convention, des Départemens prétendus en infurrection, ne comprend point celui d'Ille & Vilaine; que cependant il a conftamment manifefté les mêmes principes & les mêmes vues que le Département du Finiftère, (1) & autres, dont les Députés fe font réunis en Affemblées centrales, à Rennes, & ont confignés, dans leurs Arrêtés des 19 & 20 Juin, les différens objets de leurs réclamations, qui font la liberté, l'intégralité de la Repréfentation Nationale, la fûreté des perfonnes & des propriétés, l'unité & l'in-

---

(1) Le Département du Finiftère eft compris dans la Lettre du Miniftre de l'intérieur.

divifibilité

divifibilité de la République, la punition légale des factieux ; qu'en conféquence, il lui paroît néceffaire que l'Affemblée manifefte de nouveau fa profeffion de foi à à cet égard ; & il propofe qu'il foit fait un appel nominal de tous les Membres de l'Affemblée, pour qu'ils s'expliquent individuellement, fur leur perfiftance à adhérer aux mefures prifes, ou fur leur rétractation.

Les Citoyens Ellias, Adminiftrateur du Département, & Jufton, Adminiftrateur du Directoire du Diftrict, donnent lecture de leurs déclarations de fe rétracter, & en demandent acte, ainfi que du dépôt defdites déclarations : cet acte leur eft décerné.

Le Citoyen Talhouet ayant déclaré fe rétracter pareillement, l'Affemblée arrête qu'il remettra fa rétractation par écrit au Secrétariat du Département.

L'Affemblée adoptant les propofitions qui viennent de lui être faites ;

Eft d'avis, que le Département faffe imprimer un expofé des principes qui ont dirigé les Autorités conflituées, ainfi que des mefures qu'elles ont prifes, & que des exemplaires en foient adreffés à chaque Affemblée primaire.

Paffant enfuite à l'appel nominal des Membres infcrits fur le plumitif de la préfente Séance, à l'effet d'obtenir leurs déclarations individuelles, d'adhérer ou de ne pas adhérer aux objets de réclamation arrêtés par les Autorités conftituées, & aux mefures qu'elles ont prifes, le tout ainfi qu'il eft expliqué dans les Arrêtés de l'Affemblée centrale féante à Rennes, des 19 & 20 Juin dernier.

Lé Procureur-Général-Syndic a déclaré perfifter dans fon adhéfion.

Les Citoyens Gilbert, Préfident; Roulle, Rogé, Dreuflin, le Coz, Roueffart, Amiral, Rouxin, Villerio, Vanier, Pichon, Bertin, Lanjuinais, Blin, Adminiftrateurs du Département; Jourdain, Anger, Leffard, Adminiftrateurs du Diftrict; & Jean, Procureur-Syndic; Dupleffis, Maire; Rouxel, Barbier, Defaxe, Hardy, Grillard, le Graverend, Baymé, Laneau, Bert, Dufour, Officiers Municipaux; Rihet, Fournel, le Page, Calais, le Sénéchal, Pointeau, Kdellant, Bonnal, Cavé, Notables de la Commune de Rennes; Maublanc, Maire de Ceffon, canton de Rennes; Couannier, Menage, Membres du Tribunal Criminel; le Moine, fils, Accufateur public; Coftard, le Baron, Membres du Tribunal du Diftrict de Rennes; Lodin, Commiffaire National; Gaultier, le Gué, Juges de Paix; Parchemifier, le Moine, pere, Lemarchand, pere, Membres du Tribunal de Conciliation ; Sejourné, Membre du Tribunal de Commerce, ont individuellement déclaré perfifter dans leur adhéfion.

Les Citoyens Tréhu & Bouaiffier, qui fe trouvoient préfens lors de l'infcription des Membres, s'étant retirés avant qu'il fût queftion de l'appel nominal, il a été arrêté qu'il leur feroit donné communication du procès verbal, pour qu'ils puiffent prononcer leur adhéfion ou rétractation.

L'Affemblée arrête d'envoyer des expéditions du préfent, tant à la Convention & au Confeil exécutif, qu'à l'Affemblée centrale de Caen, & à tous les Départemens de la République.

Un Membre obferve, que le Bulletin de Rennes, contient une Lettre de Charles Duval, Député à la Convention Nationale, par laquelle ce Député annonce avec impudence que les Citoyens compofant la force Départementale d'Ille & Vilaine, défabufés par les Sociétés populaires avec lefquelles ils ont communiqué fur leur route, & dégoûtés par ce qu'ils ont vu à Caen, fe font décidés à rétrograder vers leurs foyers.

Le Maire de Rennes, donne lecture à cette occasion de la Lettre que la Commune a reçu de son Député à l'Assemblée centrale de Caen, & dont il résulte un démenti de l'assertion de Charles Duval.

L'Assemblée, après avoir entendu le Procureur-Général-Syndic ;

Considérant que l'insertion dans le Bulletin de la Correspondance, des faussetés insidieuses du Député Charles Duval, est une nouvelle preuve de l'impudence avec laquelle on cherche à égarer l'opinion publique ;

Considérant que, quelque méprisable que soit en elle-même une pareille tactique, l'Administration doit faire éclater la vérité par tous les moyens qui sont en son pouvoir :

Arrête que, pour l'intérêt de la vérité & l'instruction des Citoyens, l'assertion de Charles Duval sera démentie dans le Bulletin du Département.

Un Membre du Comité central de correspondance ayant demandé la parole à ce sujet, donne lecture d'un article du dernier Numéro du Bulletin de ce Comité, qui réfère l'assertion de Charles Duval, & lui donne un démenti formel, par le simple exposé des faits.

*Du 18 Juillet 1793 , l'an deux de
la République Française.*

———————

ET le lendemain 18 Juillet 1793 , les Citoyens
Malezieux, Troyhiard, Officiers Municipaux ;
Barbarin , Herbert , Rolland Boutier , Le-
grand, Arrot, Bacon, Notables de la Commune de Rennes ; Bouaiffier, Demeaux, Préfident & Juge du Tribunal Criminel ; Varin ,
l'aîné, Tréhu , Robinet, Préfident & Juges
du Tribunal du Diftrict ; Remach, Juge de
Paix ; Gattebled, Membre du Tribunal de
Commerce , qui fe trouvoient abfens lors
de l'appel nominal qui eut lieu dans la Séance d'hier , fe font préfentés fucceffivement
au Secrétariat du Département, & ont déclaré adhérer entièrement aux principes que
les Autorités conftituées ont manifeftés, &
aux mefures qu'elles ont prifes, réfervant de

se faire donner Acte de cette déclaration dans
la prochaine Séance.

Pour expédition conforme au Registre,

Signé GILBERT, Président.

LE GRAVEREND, Secrétaire-Général.

A RENNES, chez la veuve de F. VATAR & BRUTÉ,
Imprimeur. 1793.

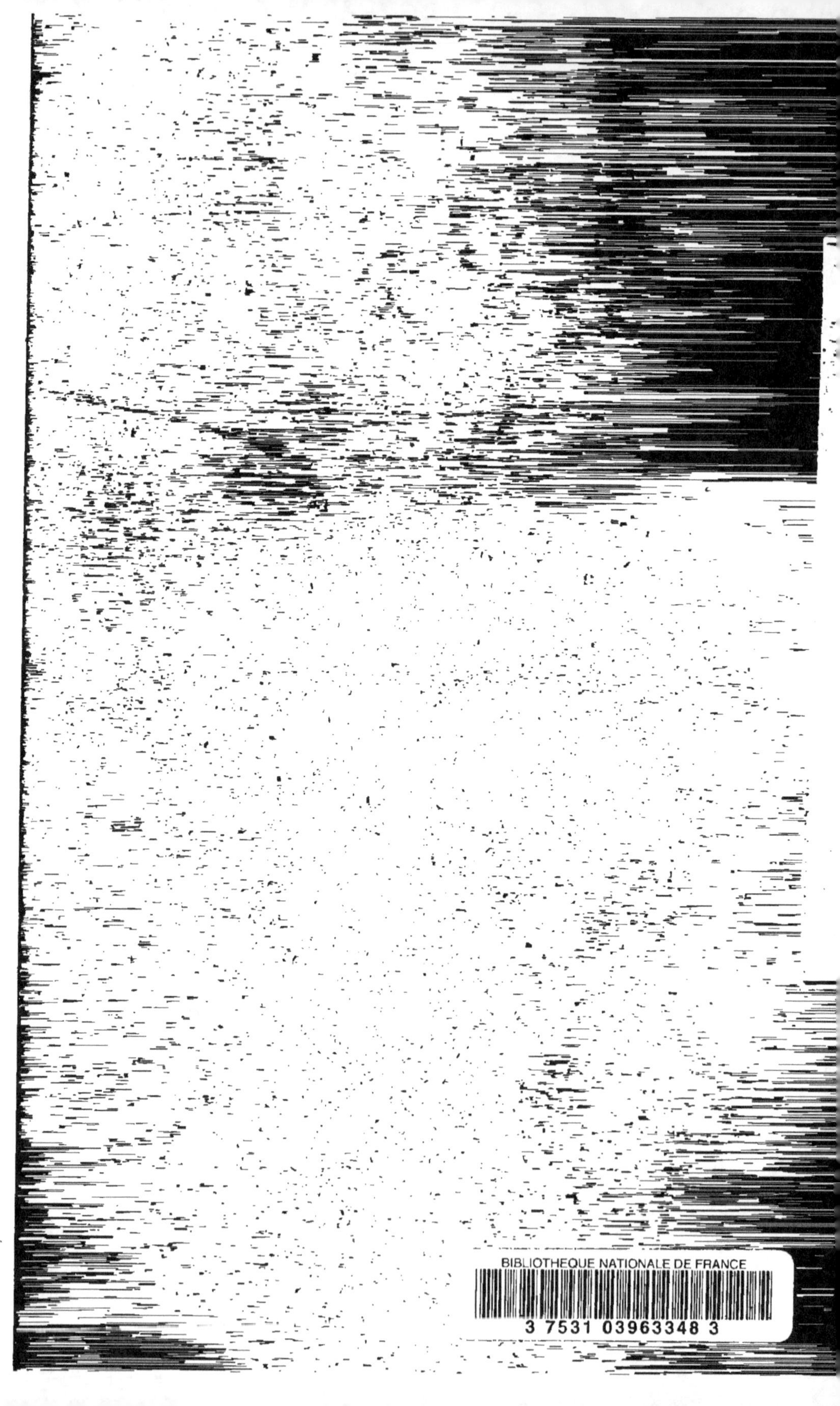